講談社文庫

97歳の悩み相談

瀬戸内寂聴

講談社

本書は、京都・嵯峨野《さがの》の寂庵《じゃくあん》にて
2019年1月27日に行われた「10代のための特別法話」
およびWEB上で募集した「10代のための悩み相談」を元に
再構成したものです。

●

曼陀羅山《まんだらさん》　寂庵
京都府京都市右京区嵯峨鳥居本仏餉田町7-1

瀬戸内寂聴さんが出家後の1974年に
庵《いおり》を結び、今も暮らす場所。
広さ500坪の庭には森のように
多くの木々が植えられ、四季折々の花々が咲く。
庭内のお堂では定期的に
「写経の会」「法話の会」を開催している。

2019年9月25日

目次

I 自分を愛せない人へ

II 一歩を踏み出せない人へ

III 人間関係に悩む人へ

IV 大人とうまくいかない人へ

V 将来が不安な人へ

VI

子育てに迷う親たちへ

はじめに

私は今年、97歳になりました。10代のみなさんにとっては、おばあさんのそのまた上の、ひいおばあさんの年ですね。

あなたたち若い人と、私が10代のころとは、まったく違うと思います。私が若いときには、みなさんがおそらく今、持っているような悩みはありませんでした。

私は小説家ですから、小説の中ではあなたたちのような若い人のことをさも知ったように書いていますけれど、本当は知らないんです。私には66歳年下の若い秘書がいて、「今の人はそんな言葉は使いません」とか「そんなことはしません」と教えてくれるので、それで何とかやっているのです。

でも心は若いときから、そんなに変わっていません。それに小説家ですから、想像力があります。だから、みなさんの悩みや考えていることは、ほかの大人よりはわかると思います。

私は51歳で出家《しゅっけ》しました。出家というのは、こういうふうに頭を剃《そ》って、こんな法《ほう》衣《い》を着て、尼《あま》さんになることです。出家すると、ちょっと普通の人とは違う。いつも仏様がついてくれていますから、みなさんに悩みを聞いて、わからないことは、仏様に相談してお答えします。

今日はせっかく私のところへ来てくれたのだから、帰るときに「あれも聞けばよかった」「これも言えばよかった」なんて思わないように、何でもここで吐《は》き出していってください。後で後悔することがないようにね。先生に言いつけたりしないから、何でも安心して話してください。

今日はお母さんたちも付き添いでいらっしゃる。みんな可愛《かわい》がられているのですね。でもお母さんが一緒にいたら、本当に言いたいことを言えないでしょう。これからは、お母さんは要《い》らないと言って、一人で行動しなさい。そうしないと自由になれませんよ。

お母さんは自分が若かったときのことを忘れて、あなたたちのことを心配しているんでしょう。でも、親に何も心配させないような子はおもしろくない。若いときは大人に何を言われても、したいことをしなさい。それが若いということです。17歳、18

歳のときは、人生でもう二度と来ません。その二度と来ない時間を、悔《く》いのないように生きてください。

私の17歳のころでもやはり、それは青春と呼ばれていました。女の子は「娘盛り《むすめざか》」と呼ばれて、いちばん、可愛らしい魅力の出る年ごろでした。それまでは子どもっぽいしぐさも許されましたが、17歳にもなると、「娘盛りのくせに」と、大人たちの目がきびしくなりました。特に男女の仲については周りの目がきびしくて、親しいふるまいは許されません。

たとえば道を女学生が歩いていて、向こうから（旧制）中学生の男の子が歩いてくると、双方で互いに顔を背けてすれちがいます。うっかり目を合わせたり、口をきくと、道の両側の家の中から監視しているおばさんたちが見とがめて、その子たちは「あやしい」と噂《うわさ》されます。17歳の男女は、目も合わさないようにしていました。

こっけいですが、そんなきびしい時代でしたよ。「男女七歳にして席を同じゅうせず」という昔のことわざが生きていました。

私が18歳のときには戦争が始まって、大変な時代になりました。恋も、おしゃれも、できなくなりました。それでも、今、97年の長い人生をふり返ってみると、あのころが生涯で一番、輝いていた気がします。あのころは、他には何もなかったけれど、夢だけがありました。

さあ、私のことはこれくらいにして、みなさんの話を聞かせてください。今日はみなさんと年の近い秘書の（瀬尾《せお》）まなほも一緒にいるから、みんなで考えていきましょう。

瀬戸内寂聴

I

自分を愛せない人へ

Q 人によく見られたくて、ありのままの自分を出せません

私は、人によく見られたくて、何でもがんばってしまいます。本当は暗くてネガティブな人間なのに、理想が高すぎて、ありのままの自分を出せません。

（17歳・女子）

寂聴　理想が高いのは、とてもいいことです。何でもがんばってしまうのは、きっと好きなことが多すぎるのね。それはあなたに才能がたくさんあるということだから、ちっとも悩まなくていい。でも、その中で自分は何がいちばん好きなのか、順番をつけて、まずひとつを選びましょう。お父さんやお母さんが、この学校に入ったほうが将来出世するよとか、暮らしが楽だよなんて言っても、自分が好きなことでなければ、しなくていい。

「好きなことが才能」です。これをよく覚えておきなさいね。自分が本当に好きなこ

とを続ければ、必ずモノになります。

人からよく見られようなんて思う必要はありません。笑ってごらんなさい。ほら、ありのままのあなたに、とても魅力がありますよ。だから自信を持って、いちばん好きなことをやりなさい。

A　好きなことが才能です。自分に自信を持って、いちばん好きなことをやりなさい。

Q 私はダメな人間です。どうすれば前向きになれますか？

私は人と関わるのがとても苦手で、高校もうまくいかず、中退してしまいました。人間として生まれた苦しみから逃げたい毎日です。私はダメな人間です。どうすれば前向きな気持ちになれますか？

（18歳・女子）

寂聴　この世には、ダメな人間として生まれた人は一人もいません。

自分でダメな人間と決めてしまうのは思い上がりで、神か、仏か、母の愛か、あなたをこの世に生まれさせてくれた大いなるものに対して、とても失礼なことです。私たちはこの世に生まれさせてくれたものに感謝して、自分の素質を磨《みが》くしかありません。

前向きというのは、現在ある自分の可能性を信じて、努力してそれを育てていくことです。人と関わるのが苦手で下手《へた》だというのは、後から身につけた性格だから、直すことができます。

もっと自分を信じましょう。人と関わる前に、まず自分で自分を信じること。そうしたら人もついてきますよ。

A　ダメな人間として生まれた人は一人もいません。生まれたことに感謝して、自分の可能性を育てましょう。

Q どうしたら自分を好きになれるでしょうか？

自分の今生きている道は正しいのか、不安になります。「素の自分」がいつまでたっても出せなくて、苦しいです。どうしたら、自分を好きになれるのでしょうか？

（18歳・男子）

寂聴　自分を好きになれない人は、人のことも好きになれません。だからまず、自分を好きになってください。

鏡を買ってきて、自分のことをよく見てごらんなさい。ひとつも魅力のない人なんてどこにもいないの。みんな必ずどこか、いいところがあるんですよ。ちゃんと親がそういうふうに産んでくれています。だからその魅力を、自分で見つけることです。

本当に自分を好きになれない人なんていません。本当はみんな、自分がいちばん好き。鼻が曲がっていても、背が小さくても、ハゲていても、みんな自分が好きなんです。自分はこの世に一人しかいないのだから、それを嫌ったらかわいそうでしょう。一人しかいない自分を、あなた自身が好きになってください。

A

自分のことを好きになれない人はいません。一人しかいない自分を、あなた自身が好きになってください。

Q 過去のことを振り返って、落ち込んでしまいます

自分はいつも過去の行動を振り返って、「あのとき、こうすればよかったんじゃないか」と思い悩んで、落ち込んでしまいます。どんな考え方をすれば、悩まずに済むのでしょうか。

（19歳・男子）

寂聴　悩むということが、あなたの特長ですよ。それはすごくいいことです。悩みがないというのは幸せみたいだけど、バカには悩みはないんです。だから、悩みがある人は成長します。悩むということは、考えることでしょう。何でこんなに悩むのか、ということを考えることだから、悩む人は哲学者になる素質があるんです。

私はいつも「好きなことが才能」と言うけど、悩むということがあなたの才能なんですよ。思い切り悩んで、それをよく考えて、解決するためにいろいろな本を読んだらいい。それから本当の哲学者のところに行って、話を聞くのもいいと思います。

悩んだときは、本をできるだけ読んでください。図書館に行って、タイトルを見て、何か心にひっかかるものがあったら、その本を読んでみる。本を読んでいろんな考えに出会って、自分で考えることです。そうすれば自然に答えが出てくるはずです。

A

悩むのがあなたの才能です。悩んだらいろんな本を読んで、自分で考えてみましょう。自然に答えが出るはずです。

Q 恋人ができなくて悩んでいます

私は生まれてから19年間、ずっと彼氏がいません。どうしたら恋人ができますか?

(19歳・女子)

寂聴 恋というのは雷《かみなり》みたいに、いきなり落ちてくるものです。それに当たったら仕方がありません。いくら周りのみんなが「この人がいいよ」と言ってくれても、自分はほかの人を好きになったりする。だから、彼氏ができなくてどうしようなんて、先走って考える必要はないんです。必ず、あなたが好きになる、あなたを好きになる人が出てきます。

みなさんに言いますが、青春というのは「恋と革命」ですよ。だから今、恋をしてない人は、若いうちに恋をしなさい。失恋して、泣くことがあってもかまわない。失恋したとしても、恋をしないより、したほうがいい。

それから革命というのは、今の自分の周りにある悪いことを、よくしようという戦いです。若いうちに勇気を持って、戦ってください。

A　恋は雷みたいに、いきなり落ちてくるものです。青春は「恋と革命」。おそれず恋をしてください。

Q 恋人に「一緒にいてもつまらない」と言われました

私は高校3年生で、同級生の彼氏がいます。でも最近、彼とうまくいっていません。最初はラブラブだったのに、そのうち彼から、「一緒にいてもつまらない」と言われるようになりました。そのたびに私は自分の性格を見直して、がんばってきました。彼のために無理して自分を変えようとするのはおかしいでしょうか?

（18歳・女子）

寂聴　「一緒にいてもつまらない」と言われても、自分は彼と一緒にいたいから、一人で悩んでいるんですね。彼のことが本当に好きだったら、「私のどこが悪いの?」と聞いてみたらいいと思います。

でも、彼のために自分を変えようとしても、18歳にもなったら、そんなに簡単に性格は変えられないでしょう。

自分がありのままで自然にしていて、それで彼に嫌われたのなら、きっと相性が合わないのだから、やめたほうがいい。まだ若いのだから、合わない相手に無理して合わせることはありません。そのまんまのあなたを好きになってくれる彼が、きっといるはずですよ。

A 合わない相手に無理をすることはありません。そのまんまのあなたを好きになってくれる彼が、きっといるはずです。

Q 何をやろうとしても、なかなか続けられません

何をやろうとしても、途中でくじけてしまって、なかなか続けられません。続けるにはどうしたらいいですか？

（16歳・女子）


寂聴 なかなか続けられませんよね。どんなことにも苦労がありますから。

でも、あなたがそれを好きで、どうしてもやりたい気持ちがあって選んだのなら、難しくてもそこに食らいついて、離れないことです。「もうしんどいわ」と思って、途中でやめてしまえばそれっきりよ。それでまた違うことをしても、またそれも続かないでしょう。

だから、これが好きだと決めたら、誰が何と言ってもそこを離れないこと。そうすれば、ちょっと時間がかかっても成功します。

まなほ 寂聴先生はいつも、「続けられることも才能」と言っています。すぐやめち

やっていうことは、そこまで好きじゃないのかもしれないですね。先生は出家する前からペン一本で生きてきて、97歳の今まで、ずっと小説を書き続けている。やっぱり好きだから、続けられるんだと思います。そういうものが、見つかるといいですね。

A

好きなことを見つけたら、そこに食らいついて離れないこと。本当に好きなことなら、続けられます。

Ⅱ

一歩を踏み出せない人へ

Q 決断する強い気持ちを持つには、どうすればいいですか？

私はいつも自分の行動に自信が持てなくて、親とか友だちに「どうすればいい？」と聞いています。自分一人で物事を決められません。寂聴さんは今まで生きてきた中で、いろいろな決断をされてきたと思います。決断する強い気持ちを持つには、どうすればいいですか？　（16歳・女子）

寂聴　私は若いときから、自分のいちばん好きなことをやりたかったんです。それは小説を書くことでした。でも自分には才能なんかないと思っていたから、女子大生のときに見合いをして、21歳で結婚しました。すぐに子どもが生まれたけれど、どうしても満足できない。やっぱり自分がいちばん好きなことは小説を書くことだと思って、夫の家を飛び出したんです。それからいろいろ大変なこともあったけれど、ずっと書き続けてきました。

あなたにもいつか、そういうときが来ます。今はまだ若いから、そのときは来てないけれど、「どうしてもこれがしたい」ということが、自然に決まるときが来ます。とにかく、好きなことをやろうと決めなさい。嫌いなことを無理にしたって成功しないし、幸福になれません。あなたの中に、何か好きなことがあるはずです。それが見つかったら、どんなに困難だとわかっていても、その道を行きなさい。

A　いつか、「どうしてもこれがしたい」と思うときが来ます。困難だとわかっていても、その道を行きなさい。

Q いつも思うばかりで、自分から行動を起こせません

私はいつも、ああなりたい、こうなりたいと思うばかりで、自分から進んで行動を起こせません。どうしたら行動できるようになるでしょうか?

(17歳・女子)

寂聴 私の小説を読みなさい(笑)。私はああしたい、こうしたいと思ったら、何でもやってきたんです。

みなさんに言っておきますけど、私は、もういつ死んでもいいの。私が安心して死ねるのは、したいことを全部してきたから。これをしたら人に悪口を言われるかなとか、道徳に反するかなということも、全部やりました。だから後悔がありません。そのときはいろいろ苦労したけれど、もしもあのとき、したいことをしないで死ぬとしたら、きっと情けないでしょうね。でも私は、したいことを全部してきたから、いつ

死んでも、どんな死に方をしても、後悔しない自信があります。

何かをしたいと思いながらしない残念さと、したけれども失敗した残念さとを比べたら、したいことをしなかったほうが、ずっと悔しい。だから、したいことは全部やりなさい。

私は「若き日にバラを摘《つ》め」という言葉がとても好きなんです。バラの花はきれいだけれど、手で摘もうとしたら傷つきます。でも、それを怖がって摘まなければ、バラは自分のものにならない。だから傷ついてもいいから、バラを自分の手で摘みたい。摘めば必ず、バラのとげで指は傷つき、血を流します。傷の痛さで涙も出るでしょう。

それは若いときでないとできない。若ければ血の出るような傷ができても、回復力があるからすぐに治る。心の傷も同じです。それが青春というものです。年寄りになってそんなことをしたら、もう傷が治りません。だから、「若き日にバラを摘め」。これは私がみなさんに贈る言葉です。

A

「若き日にバラを摘め」。したいことをしなかった残念さと、したけれど失敗した残念さを比べたら、しなかった残念さのほうが、ずっと後悔が深いですよ。

Q どうしたら、挑戦する勇気を持てますか？

僕には挑戦する勇気がなくて、みんなの前でなかなか発言もできません。どうしたら勇気を持てるのでしょうか。　（15歳・男子）

寂聴　まず自分が進む道を決めなければ、勇気も何も出てこないわね。あなたは何が好きなの？

相談者　本を読むのが好きです。

寂聴　本を読むのが好きなら、徹底して一生懸命、読みなさい。そうすれば、ちゃんと本が道を教えてくれます。

そして自分でも文章を書いてみたらいい。うまく書けたら、いろんな文学賞に応募してみればいいんです。なかなか賞はとれないけれど、好きなことが才能だから、才能があれば必ず受賞します。若いうちは何でも挑戦してみることです。みんな若くて、力があるんだもの。若いときは少々ケガをしても大丈夫です。傷口をなめたら治ります。

これは危険な教えですけど、せっかくだから、みなさんに本当のことを教えてあげます。物事は何でも、楽には進みません。好きなことをするというのは大変なことなのよ。だけど私は、「大変だけれど好きなことをしなさい」と言うんです。せっかくこの世に生まれてきたのだから、生きている間に好きなことをしなきゃ損だと思います。

A　若いときは傷つくことをおそれてはダメ。大変だけれど好きなことを、思い切ってしなさい。

Q 他人のことが怖くて、うまく付き合えません

僕は人が怖いんです。自分と同じ生き物でも、他人は何を考えているのかわかりません。どう付き合っていけばいいのでしょうか。（16歳・男子）

寂聴 他人がどう思っているかなんて、誰にもわからないですよね。「自分はこう思っています」なんて、選挙の演説でもなければ言わないですから。でも、怖がることはないんです。みんな、あなたと似たようなものですよ。特別に頭のいい天才なんて、ほとんどいません。周りはみんな、あなた程度だと思えばいい。

だから怖がることはありません。勝手にあなたが、この人は怖いんじゃないかと思っているだけで、そんなことはないんです。

A

あなたが勝手におそれているだけで、他人もあなたと似たようなものです。怖がる必要はありません。

Q 人と話すのが苦手です。どうしたら話し上手になれますか？

自分は人と話すのがものすごく苦手です。寂聴さんのように話し上手になるには、どうすればいいでしょうか。　(18歳・男子)

寂聴　私は子どものときから、おしゃべりだったんです。でも小さいころは滲出性体質《しんしゅつせいたいしつ》といって、ちょっと傷をつくると、そこが膿《う》んで汚くなってしまった。だからいつも頭や顔にいっぱい膏薬《こうやく》を塗られて、包帯をしていたの。その薬がにおうから、「くさい、くさい」と言って、みんな遊んでくれなかった。そのせいで私は一人で遊ぶようになって、小説が書けるようになったんです。

あなた、手紙や日記は書かないの？　とにかく日記を書いてごらんなさい。日記を書いて、自分の思いを形にする練習をすればいい。面倒くさくて1週間続けられなくても、4日でもいいから書き続けたら、ちょっと変わってくると思います。

きっとあなたはいつも自分を大事に守っていて、友だちがそばに来ても受け入れないんでしょう。まず一人でもお友だちをつくって、自分の思いを話してみることです。

まなほ　しゃべるのが苦手でも、メールとかSNSならコミュニケーションがとれる場合もありますよね。実際に面と向かったらしゃべれなくても、文章なら意外にすらすら書けたりするから、オンラインで話す友だちがいてもいいかもしれません。まずネットでお話の練習ができたらいいですね。

A

日記を書いて、自分の思いを形にする練習をしましょう。面と向かってしゃべるのが苦手なら、ネットから始めるのもいい。

Q 恋愛に魅力を感じられません

私は友だちも多いほうですし、人と関わることが好きです。ですが、親が離婚したこともあり、恋愛を魅力的に感じることができません。人を好きになるということ、愛することについて、どう考えればいいでしょうか？

（18歳・女子）

寂聴　たまたま親が離婚したからといって、そのせいで恋愛というものに魅力がないと思ってしまうのは、ちょっと行きすぎですね。

あなたのお父さんとお母さんの愛情は残念ながらうまくいかなかったけれども、普通は若い男と女が出会って、縁があれば恋愛をして、一緒になる。お父さんとお母さんのことひとつをとって、もう男と女のことは嫌だなんて思う必要はありません。

人を好きになること、愛することについて、どう考えればいいのか。

それは考える問題じゃなくて、自然にしていればわかるものです。異性を好きになったり、愛さずにはいられない相手ができたりする。これは自然にわいてくる感情だから、心配しなくていいの。

あなたはきっと自分の親を見て、恋愛は汚《けが》らわしいとか、どうせ続かないとか、そういう先入観があるのでしょう。まず、それを捨てることね。そしてもっと自然に、素直に心を開いていたら、ちゃんと誰かを愛せるときが来ます。

A 先入観にとらわれず、素直に心を開いていれば、いつか自然に、人を愛せるときが来るはずです。

Q 悩みがない自分は、おかしいでしょうか？

僕は、悩みがないことが悩みです。自分は自信があって何でもできると思っているんですが、周りを見ると、不安や悩みがいっぱいある子ばかりです。若い自分としては、悩みがないのはおかしいでしょうか。（16歳・男子）

寂聴　みんないろんな悩みがあるのに、悩みがないというのは、とても幸せなことですね。周りの人におかしいと言われても、気にすることはないですよ。

悩みがないのは、あなたが健康だからです。それから、今の若い人は友だちで悩む人が多いのに、きっといい友だちがいるんですね。でも、それはあなたの力じゃない。親があなたを健康に産んでくれて、周りにいい友だちがいる。そのおかげで、あなたは幸せなのよ。そのことに感謝しましょう。

だけど、幸せというのは絶対に一生は続きません。いいことがあれば、悪いことがありり、またいいことがあって、悪いことがある。人生というのは、そういうふうになっているのです。

生きていると、そのうちに必ず自分の思うようにいかないことにぶつかります。たとえば女の子を好きになっても、向こうが好きになってくれないとか。だから今、あなたは悩みがないと言い切ったけど、あと半年か1年たったら、きっと悩みができるでしょう。そのときにまたいらっしゃい。

A

生きていれば必ず、思うようにいかないことにぶつかります。いいことがあれば悪いこともある、それが人生です。

III

人間関係に悩む人へ

Q　仲良くできる友だちがいません

友だちとうまくいかず、高校生活がつらいです。中学までは仲良くできる友だちがいたのですが、一度友だちに拒絶され、そこから人と深く関わるのが怖くなりました。どうすれば友だちとうまくやっていけるでしょうか？

（16歳・女子）

寂聴　拒絶されたというのは、自分では友だちのつもりでいたのに、向こうはそうでなかったということかしら。一度そんなことがあったら、人と深く関わるのが怖くなる気持ちはわかります。

きっとあなたはとても情が厚くて、深く関わり合うのが友だちだと思っているのでしょうね。けれど友だちは他人で、自分ではないのだから、考えも違って当然なんです。だから、相手に多くを求めすぎないことです。

人に愛情を与えたら、自分だってもらいたい。もらうために与える。そういう気持ちではいけません。みんな、してもらいたい気持ちばかりが多くて、相手に求めてしまう。向こうが優しくしてくれたら、もっと優しく、もっと優しくしてほしいと思う。人間関係はそれではうまくいきません。

友だちに仲良くしてもらいたいと思うより、自分のほうから相手に何かをしてあげるほうがいい。愛するとは与えることだと思いましょう。

A　人間関係は、相手に多くを求めすぎないこと。愛するとは与えることだと思いましょう。

Q 人に悪く思われないか、いつも気にしてばかりいます

私はいろいろなことをネガティブに考えてしまって、人に悪く思われないか、いつも気にしてばかりいます。自分でもやめたいと思っているのですが、どうしたらいいですか。（19歳・女子）

寂聴 何でも悪く考えて、人の目が気になる。自分でそういう性格だとわかっているのだから、それを直すしかないですね。

「人がどう思うかしら」と考えること、まずそれをやめなさい。他人があなたのことを認めなくても、あなたの悪口を言っても、その人があなたを養ってくれるわけじゃない。だから悪口を言う人は、あなたの人生には関係ない人だと思いましょう。

私は小説を書き始めたころ、周りからすごくいじめられたの。評論家たちに、ひどい悪口を言われたんです。でも、そこでやめていたら今の私はありません。そのとき

私は、「こんちくしょう、今に見てろ」と思ったのよ。そのころはまだ出家してなかったから、人を呪《のろ》ってもいいの（笑）。「あんなやつら、みんな死んでしまえ」と思ったけど、私が長生きしたから、今はみんな死んでしまいました。

とにかく自分を守るためには、強くならなければいけません。悪口を言われるのは、自分に才能があるからだと思えばいい。あなたの才能に対して、才能のない人が嫉妬するんですよ。だから悪口を言う相手のほうが、みじめだと思えばいいんです。

A

「人がどう思うか」と考えるのをやめなさい。悪口を言われたら、自分に嫉妬しているのだと思いましょう。

Q 嫌われないためには、どうすればいいでしょうか？

自分はたくさんの人に嫌われていると思います。自分なりに嫌われないために努力しているつもりですが、学校でもうまく付き合える友だちが少なく、悩んでいます。嫌われない人間になるためには、どうしたらいいでしょうか？

（16歳・男子）

寂聴　あなたはたくさんの人に嫌われていると思っているけれど、本当は案外、嫌われていないんじゃないかしら。だけど自分で勝手に、そう思い込んでいる。嫌っていると思う人がじつはあなたのことが好きで、言えずに悩んでいるかもしれない。

人に嫌われないための努力なんて、しても無駄です。だって、向こうが嫌いなところと、自分が嫌われていると思っているところは、きっと違う。だから自分が嫌われていると思い込んでいるところを直そうとしても、相手には通じません。

いつも嫌われないように、嫌われないようにと考えて行動している人なんて、面倒で嫌でしょう。そんなふうに考えるから、友だちができないんです。もっと自然に生きたほうがいい。嫌われない人間になるためには、もっと自然になりなさい。

自然というのは、自分の心に従って、好きな人には好きだと言って、嫌いな人のことは避けて、無理に近づいていったり、機嫌をとったりしないことです。みんなに好かれようとするから無理が起きる。そんなこと、ありえないんですから。

A

嫌われないための努力なんて無駄です。みんなに好かれようとするより、もっと自然に生きなさい。

Q 他人と自分を比べて、劣等感を持ってしまいます

私の悩みは人付き合いがうまくないこと、人からの評価を気にしてしまうことです。いつも相手の顔色をうかがって行動してしまい、息苦しいです。他人と自分を比べては、ひどい劣等感に襲われてしまいます。　（19歳・女子）

寂聴　他人からの評価を先に自分で想像して、相手の顔色をうかがってしまう。それは本人も息苦しいけれども、相手だって息苦しいから、あなたに近づいてこないでしょうね。それで人付き合いがうまくいかないんです。

誰にだって得意なこと、得意でないことがあるのだから、あなた自身にも、まだ自分で気がつかない、いいところがあるはずです。それを認めてないのは、あなたの才能がかわいそうですよ。

私も子どものとき、色が黒いとか、鼻が低いとか、おできだらけだとか言われてい

じめられました。だからあなたの気持ちはじつによくわかります。でも私は、それに負けずにがんばって、自分の才能を伸ばすように努力したの。あなたも元気を出して、自分のいいところを伸ばしてください。容貌が気に入らないなら、お金をためて整形したっていい。それできれいになって、自信が持てるならそのほうがいいと思います。とにかく、自分のいいところを見つけて、自信を持ちなさい。

A　誰にでも得意なこと、得意でないことがあります。あなた自身が気づいていない長所を探して、自信を持ちましょう。

Q 友だちに嫉妬してしまいます

自分と比べて友だちが優れていたり、素敵だったりすると、心の中で憎らしく思ってしまいます。相手が失敗したらいいのに！　とたまに思うこともあります。こんな私は、どうしたら人として素敵に成長できますか？（19歳・女子）

寂聴　大丈夫、あなたが思うことは、すべての人間が思っていることです（笑）。他人に嫉妬するのは当たり前で、不思議でも何でもありません。自分以外の人の成功は、誰にとっても妬《ねた》ましく、腹が立つことです。

ただ、それを恨んでばかりいてもしようがないから、あなた自身が他人からうらやましがられるように、成長することがいちばん大切です。19歳ならばもう成人に近いのだから、もっと自分に自信を持ってください。自分と比べて友だちを恨むその暇に、友だちに負けない努力をしてください。そして、友だちに負けない素敵な人になってください。

A　他人の成功に嫉妬するのは当たり前です。あなた自身が他人から、うらやましがられるようになりましょう。

Q いろんな友だちと付き合いたい私は、自分勝手でしょうか？

クラスでは友だちのグループがいくつかに分かれていますが、私はどれかひとつに絞れずにフラフラしています。いろんな友だちと付き合いたい私は、自分勝手なのでしょうか。（17歳・女子）

寂聴　他人に自分勝手と思われたって平気ですよ。無理して人に合わせたり、ひとつのグループに決めることはありません。どの友だちにも気に入るところと、気に入らないところがあるのでしょう。どのグループが楽しいか、いろんなところを試しにちょっとのぞいてみればいいんです。

あなたにはあなたの個性があるから、人と同じ道を進む必要はありません。他人のことは気にせず、自分がよいと思うことを大切にすることです。

A

自分勝手と言われても、無理して他人に合わせることはありません。人とは違う自分の個性を大切にしましょう。

Q 人の言葉の裏側が気になって仕方ありません

僕は人と話すときに、その人が裏でどんなことを考えているのか、自分に対してネガティブなことを考えているんじゃないかと考えて、悩んでしまいます。どうしたら、そんなふうに考えないようになれるでしょうか。(15歳・男子)

寂聴 あなたはひねくれているのね(笑)。

そういう人は、小説を書けばいいんです。小説家は、人が常識だと思っていることを「ちょっとおかしいな」と思わなきゃいけない。人の言うことを聞いていつも「ああ、そうですか」と思うのでは、いい小説は書けません。何でも疑ってみることが才能です。

あなたは哲学をしてもいいと思うし、小説を書くのもいいと思う。そういうことをやってごらん。まず片っ端から本を読んでみなさい。そうしたら、道がパッと開けてくると思いますよ。

15歳ぐらいでは、まだ自分の本当の才能がわからないのは当たり前です。でも、何とかしたい気持ちがあるのは未来があるということ。だからがんばって、自分の道を見つけてください。

A

人の言葉を疑うのは、小説家に必要な才能です。片っ端から本を読んで、自分の道を見つけてください。

Ⅳ

大人と うまくいかない人へ

Q いつも先生とぶつかってしまいます

僕は学校で、友だちとは楽しくやっているんですが、どうしても毎日、先生とぶつかってしまいます。本当は先生ともいい関係を築きたいんですが、どうしたらいいでしょうか。

（16歳・男子）

寂聴　いい先生ばかりならいいけれど、つまらない先生もいっぱいいるから、腹が立つのね。でも、そんな先生と争っても無駄ですから、無視しなさい。

先生だって食べるために教師をしているんだから、ダメな先生でもクビになったら、かわいそうでしょう。だからそんな先生は放っておいて、自分が本当に尊敬できる先生を見つけて、その人の言うことを聞けばいいんです。

いい先生が学校にいなければ、本を読みなさい。本はいろんなことを教えてくれます。先生とぶつかる勇気があるなら、あなたにはきっと自分でやっていく力があるから大丈夫。いろんな本を読んで、いろんな人と出会って、いい先生を見つけてください。

A　本を読んで、いろんな人と出会って、自分が本当に尊敬できる先生を見つけましょう。

Q 先生に叱られたトラウマで、やる気が起きません

私は中学生のころ先生に呼び出されて、何もしてないのに何時間も怒られたのがトラウマになっています。その先生がいなくなっても、学校に行くと怖くて体が震えて、やる気が出なくなってしまいます。考えを転換して前向きになるには、どうすればいいのでしょうか。

（16歳・女子）

寂聴 何もしていないのに叱《しか》られたら、嫌になるでしょうね。でも負けたらダメですよ。負けたら、そのままになる。そんなことに負けたら、あなたの人生に損じゃないの。だから嫌な先生はもういないことにして、放っておきなさい。いつまでもこだわっていたら、時間がもったいない。

仏教には「縁なき衆生《しゅじょう》」という言葉があります。その人とあなたには縁がないの。だからその人にいじめられたとか、気が合わなかったとか、嫌なことはもう忘れまし

ょう。頭の中で「死んでしまえ」と思って、その人のいない社会で生きていけばいいんです。

あなたが悩んでいるのは誠実な証拠です。それはきっと報われます。だから負けずにがんばって、自分の好きな道を見つけてください。

A

嫌な人は「縁なき衆生」。いなかったことにして、忘れてしまいましょう。いつまでもこだわっていては、あなたの人生にとって損です。

Q 大人が望む「普通の人生」を生きるのは嫌です

大人は自分らしく生きろと言いながら、結局はいい大学に行け、いい会社に入れと言います。「普通の人生」しか生きられない世の中はおかしいと思います。

（15歳・女子）

寂聴　大人はみんな事なかれ主義だから、人がほめる大学に行って、いい会社に入れと言うでしょうね。そしていい人を見つけて結婚しろと大人は言うけれども、子どもにしたら、そうはいかない。

あなたが言っていることは正しいんです。普通に幸せと言われる人生を生きるのが親の希望だけど、自分は嫌だ。まだ若いのだから、そう考えるのは当然です。でも、普通でない人生を選んだら、私のようになりますよ。家族を捨てて出家して、大変ですよ（笑）。

「普通の人生しか生きられない」と言うけれど、じつは普通の人生を生きることがいちばん、難しいんです。「普通の人生しか」じゃない、「普通の人生こそ」なかなか生きられない。普通に生きられたら楽だけど、人生はそういかないものです。

あなたの反発はとてもいいと思うけれど、「自分らしく」というのは、単に自分勝手に生きることではないはずですね。では、どんな生き方が自分らしいのか、それをまずよく考えてください。

A

「普通の人生」を生きるのは大変なことです。どんな生き方が自分らしいのか、それをよく考えてみましょう。

Q 自分のやりたいことを、親に理解してもらえません

進路のことで親と話が合いません。自分のやりたいことを、どうしたら親に理解してもらえるでしょうか？

（16歳・女子）

寂聴 あなたは16歳だけれど、きっと親はまだ10歳くらいの子どもだと思っているんですね。「おまえみたいなチビに、そんなことはできないよ」と頭から相談に乗ってくれないんでしょう。

だから誰か年上の人に相談して、その人から親に言ってもらえばいいと思います。たとえば学校の先生に相談して、先生から親に言ってもらう。あるいは、誰か年上の親戚の人がいれば、その人に相談して、その人から言ってもらえば、親も話を聞くでしょう。

でもその場合は、まず親以外の人に、自分の考えを理解してもらえるように説明す

る力がないとダメですね。自分が何をやりたいかを、その人にしっかり納得させなきゃいけない。親は親なりにあなたのことを考えていますから、ちゃんと説明できれば、わかってくれるはずです。

A　まず親以外の人に、自分の考えを理解してもらいましょう。その人から親に話してもらえば、聞いてくれるはずです。

Q　母子家庭で、母との関係に悩んでいます

私の家は母子家庭です。もう18歳なのでそろそろ自立したいと思い、母に「一人暮らししてみたいな」と話したら、「そうやって捨てていくんだね」と言われました。これまでがんばって母を支えてきましたが、いつまで母のそばにいるべきなのでしょうか。　（18歳・女子）

寂聴　あなたはもう18歳だから、自由になりたいのでしょうね。好きな人ができたか、今はいなくても、できて当たり前です。お母さんはそれを感じているから、「ああ、もう捨てられる」と不安になる。それは仕方ないですね。子どもはいつか離れていくものだと、お母さんのほうが覚悟しなければいけません。

でも、お母さんは寂しいから、そんなことを言うんですよ。お母さんはすねて言っているのだから、「大丈夫よ、私はお母さんのことを忘れないよ」と言ってあげた

ら、それで済むことです。お母さんの寂しさを察してあげましょう。

A

親から自由になりたいのは当然です。でも、お母さんの寂しさを察してあげましょう。

Q 高齢の曽祖母が、マイナスなことばかり言います

私には97歳のひいおばあちゃんがいるのですが、趣味もあまりなくて、いつもマイナスなことばかり言います。どのように答えてあげたらいいでしょうか。

(16歳・女子)

寂聴　私も今年97歳になりますが、毎日、「同じことばかり言う」とか、「言ってもすぐ忘れる」とか、周りの人たちから文句を言われていますよ。

人はみんな年をとれば元気がなくなって、気が弱って愚痴を言ったり、ボケるのも仕方ないんです。だから、また愚痴を言っているなと思っても、「ああ、そう」と聞いてあげれば、それでいいの。本人は今言ったことをすぐ忘れるから、大丈夫です(笑)。

いつもマイナスなことばかり言うひいおばあちゃんを心配するなんて、あなたは本

当に優しいですね。人間の徳の中で、優しいというのがいちばんいいことです。その優しさを大切にしてください。

A

年寄りが愚痴を言ったり、ボケるのは仕方がないこと。それを心配する優しさを大切にしてください。

Q 父がアルコール依存症で、家族がバラバラです

父がアルコール依存症で、家族がバラバラになっています。僕が家族のためにできることは何か、悩んでいます。（16歳・男子）

寂聴　かわいそうに、これは大変ですね。お父さんは自分の心が弱くて自信がないから、お酒に頼るんですね。自分がちゃんと仕事でもして認められていたら、そんなふうにならないでしょう。アルコール依存症は自分ではなかなか治せないから、病院に相談するしかないんです。

残念だけれど、お父さんのアルコール依存症を治す力は、あなたにはありません。まだ16歳で、あなたもつらいだろうけど、お母さんはもっとつらいでしょう。だからあなた自身が強くなって、家族に頼られる人になってください。

A

あなたもつらいけれど、お母さんはもっとつらい。あなた自身が強くなって、家族に頼られる人になってください。

V
将来が不安な人へ

Q 高校をやめて、将来が不安です

私は高校をやめました。やめると決断するまでたくさんの時間をかけて、悩んで泣いて考えて、信頼する人たちにも相談し、決断したので後悔はありません。でも10年後、20年後や、これからの仕事などを考えると不安な気持ちがあります。

（17歳・女子）

寂聴　そこまで考えて自分で選んだ道なのだから、10年後、20年後のことなんて考える必要はありません。高校を出ないで今からどうやって生きていくか、まずそれを考えることです。あなたには現在がいちばん大切ですよ。いろいろ考えた末に決断したのだから、間違っていないと思いましょう。

10年後、20年後には、どんな世の中が来ているか、誰にもわかりません。政治家が全員、女性になっているかもしれないし、学歴なんか問題にしない世の中になっているかもしれない。だから、今から心配することはないんです。自分で選んだ道を、自信を持って生きてください。

A　10年後、20年後には、どんな世の中が来ているかわからない。だから将来のことは心配せずに、現在のことを考えなさい。

Q 受験に失敗して、行きたい学校に行けません

幼稚園から大学まで、ずっと受験してきたのですが、いつも行きたい学校には行けませんでした。これからも自分が本当に行きたいところには行けないのかと思うと不安です。

(19歳・女子)

寂聴 これまであなたの受けた学校が、たまたま、あなたにふさわしくないところばかりだったのよ。それが死ぬまで続くかといえば、けっしてそんなことはありません。今にきっと、あなたにふさわしいところが見つかります。

自分は何がいちばんやりたいのか、もう一度考えてみましょう。あそこがよさそうだとか、みんながいいと言う学校だから行こうとしても、そこはあなたに合わなかったの。

だから落ちてよかったんです。ご縁がなかったのだから仕方ない。そう思い切っ

て、あなたにご縁のあるところを探しましょう。

まなほ　あのとき行かなくてよかったと思える瞬間が、いつかきっと来る気がします。私も、もし大学を卒業してすぐに就職が決まっていたら、寂聴先生には出会わなかった。就職試験で受けた会社に落とされたときはすごく悔しかったけど、今は「あの会社に落とされたおかげで、私は瀬戸内寂聴の秘書をやっているんだ」という気持ちがあります。

あの学校に行かなかったおかげで、今の私がある。そう思えるようないいことが、きっとこれから起きると思います。人生って、そういうくり返しかなと。私はまだ30年しか生きてないけど、そう思えるようになりました。あなたにもきっと自分の中で、どこかでストンと納得できるときが来ると思いますよ。

A

受験に落ちたら、ご縁がなかったと思いましょう。今にきっと、あなたにふさわしい場所が見つかります。

Q 勉強ができないと、生きる価値がないと思ってしまいます

私は小さいころから私立の一貫校に通い、ずっと勉強してきました。でも、なぜこんなに勉強しなくてはならないのか？　という疑問を持ってから、成績が急に下がりました。勉強ばかりしてきた私は、勉強ができないと生きている価値がないのではないかと思ってしまいます。本当は、おおらかで心優しい人でありたいのに、自分の理想像と現実の自分に違いがありすぎて、疲れてしまいます。

（16歳・女子）

寂聴　「なぜこんなに勉強しなくてはならないのか」と思うのは自然ですよ。疑問を持ったから成績が下がったんじゃない。ちょっと大人になって、当たり前のことに気づいただけです。でもずっと優等生で、勉強ばかりしてきたから、勉強ができなくてバカだと思われるのが嫌なんでしょうね。

あなたは、本当は勉強が好きなのに、無理に「勉強はつまらない」と思おうとしている。それが間違っているんです。あなたには勉強が合っているんだから、もっともっと勉強したらいい。勉強したらきっとまた成績が上がって、人にほめられて、楽しくなるでしょう。

「おおらかで心優しい人でありたい」という理想はとてもいいですね。でも、いくら勉強したって、おおらかで優しい人になれます。勉強したら優しくなれないんじゃなくて、勉強すればするほど、おおらかで優しくなれるのが、本当の勉強です。

A　「勉強はつまらない」と思うのは間違いです。勉強すればするほど、おおらかで優しくなれるのが、本当の勉強です。

Q　進路はこのままでいいのか、悩んでいます

私は看護学校に通っているのですが、本当に看護師になりたいのかと考えると、なりたいとは言えないし、向いていないと思います。周りの人たちはやる気があるのに、自分とのギャップが大きくて、しんどくなります。こんな中途《ちゅうと》半端《はんぱ》な気持ちで、将来を決めていいのでしょうか？　（18歳・女子）

寂聴　「中途半端な気持ちで」と言うけれど、誰でも初めは中途半端なんです。最初から「これだ」と思えることはありません。100パーセント好きな仕事なんて、まずないと思ったほうがいい。どんな仕事でも、どこかで辛抱しなきゃならない点があるんです。でも、つらくても続けられるのが好きな仕事です。好きなことだったら、自然にやる気が出てきます。

看護師はとてもいい職業だけれど、あなたに合わなければ仕方ない。本当に自分に

合うものを探したほうがいいですね。周りの人たちは看護師の仕事を好きで一生懸命やっているから、自分が好きになれないのが嫌なのでしょう。でも18歳になれば、自分というものがある。みんなが長い髪をしても、私は短いのが好きだとか、お化粧の仕方だって違うでしょう。だから、嫌なことは続きません。

自分は何が好きかということを、もう一度考えてごらんなさい。

A

好きなことなら、自然にやる気が出てきます。自分は何が好きかということを、もう一度考えてみましょう。

Q 自分の夢に精一杯で、思いやりを持てません

私は今、どうしてもかなえたい夢に向かってがんばっています。それは宝塚《たからづか》に入ることです。でも、そのことに集中するあまり、周りの人への思いやりが持てません。私は人として大事なことを忘れているのでしょうか。

（17歳・女子）

寂聴　ひとつのことをやり遂げようと思えば、ほかのことがおろそかになるのは当たり前です。ひとつのことをやりながら、こっちもあっちもちゃんとするなんて、それは無理です。人からどう思われても、あなたはそれがやりたいんだから、ほかのことは放っておきなさい。それくらいの情熱がなければ、夢はかないません。

私も宝塚のことは知っていますが、宝塚に入ったら、競争の毎日ですよ。思いやりなんて言っていられない。他人よりも自分がスターになろうと思わなければ、なれま

せん。夢をかなえたいなら、そういうきびしさを持つことです。

A　ひとつのことをやり遂げようと思うなら、ほかのことは放っておきなさい。それくらいの情熱がなければ、夢はかないません。

Q 将来やりたいことがありません

僕は将来やりたいことがありません。大学にも行く気がしないし、どうすればいいでしょうか。

（17歳・男子）

寂聴　そういう人もいて当然でしょうね。あなたは勉強が嫌いなの？　何か好きなものはないの？

相談者　好きなのは音楽を聴くことで、バンドをやってます。たまにですけど。

寂聴　音楽が好きで、バンドが好きなら、それをやればいいんです。たまにしかやらないなんて、中途半端ではダメですよ。好きなことは毎日やりなさい。

私と仲がいい画家の横尾《よこお》忠則《ただのり》さんも、あなたぐらいのとき、学校に行こうと思って上京したのに、試験を受けないで帰ってしまった。それでもあの人は天才だから、自分で毎日絵を描き続けて、今は世界的な芸術家になっています。

好きなことが才能ですよ。あなたも毎日続けられるくらい好きなことを見つけなさい。

A　好きなことは中途半端ではいけません。毎日続けられることを見つけましょう。

Q 障害とどう向き合っていけばいいでしょうか？

私は生まれつき両耳ともまったく聞こえません。小さいころからたくさん訓練して、今は機械のおかげで会話もできるようになりました。来年からはアメリカの高校に通おうと思っています。これから障害や困難と、どう向き合っていけばいいでしょうか。

（16歳・女子）

寂聴　まなほも海外の学校に行っていたから、ちょっと話してもらいましょう。

まなほ　言葉の通じない海外の高校に行くのは、大変なことですよね。私は学校で嫌なことがあって、もっと自由なところに行きたくて、カナダの学校に行きました。そうしたら、世界はこんなに広いとわかったんです。これまで日本の学校で嫌な思いをしていたけれども、一歩外に出て視野を広げたら、世界にはいろいろな国があって、いろいろな文化がある。この狭い町の小さな学校がすべてじゃないと、自分の可能性を広い目で見られるようになりました。

カナダではホームシックにもなったし、学校の勉強についていけなくて、つらい思いもしたけれど、その経験は本当にお金に代えられません。そのときできた友だちとは今でも仲がよくて、自分にとって本当に大きな財産になっています。

耳が聞こえなくて、きっとつらいこともいっぱいあったでしょうが、それを乗り越えてアメリカに行くという強い気持ちを持っているなら、きっとどんなことでも乗り越えられると思います。

寂聴　あなたがアメリカに行きたいと言っても、親に経済力がなかったらお金を出してもらえないでしょう。海外に行かせてくれるというのは、それだけでもあなたはとても幸せなの。だから、耳が聞こえないのはつらかったでしょうけれども、親御さんには感謝しなければいけません。

人間は、つらかったこととか、苦しかったことが全部、滋養になるんです。耳が聞こえなくてつらかったことも、海外の学校で苦労することも、そういう経験は必ずプラスになって返ってきますよ。

A

つらかったことや苦しかったことは、全部あなたの滋養になる。つらい経験は、必ずプラスになって返ってきます。

Ⅵ

子育てに迷う親たちへ

Q 17歳の娘が未婚の母になります

17歳の娘の妊娠が発覚しました。別れた彼の子どもですが、彼と連絡はとれない、でもエコーを見たら産みたい、堕ろすなんて嫌だ、と娘は言います。本人の意思を尊重して、未婚の母で産むことに決めたのですが、本当によかったのでしょうか。高校も退学し、この先、不安でいっぱいです。

（17歳・女子の母）

寂聴　お母さんはとても心配でしょうね。でも、堕ろしたりしないで、その子の命を生かそうと決めたのだから、お母さんが手伝って、しっかり育ててあげてください。「本当によかったのでしょうか」などと言わず、娘さんに「よかった」と言ってあげてください。ひとつの命を殺さなかったのだから、それはよかったんです。これから大変な苦労が伴うでしょうけれども、それは生かした大人の責任だと思って、母子で力を合わせて、その子のためにがんばるしかありません。

お母さんが不安でいっぱいだったら、その不安が娘さんにうつります。娘さんもまた不安でいっぱいになる。だからお母さんの不安を、まず捨ててください。ひとつの命を生かしたというのはすばらしいことなのだから、自信を持ってください。

若い娘さんが卑下《ひげ》して変なことにならないように、あなたが選んでこの子を産んだのだから、この子の幸せのために、私たちが一緒にがんばろう、と言ってあげてください。

A　お母さんの不安を、まず捨ててください。ひとつの命を生かしたのはすばらしいこと。自信を持ってください。

Q 高校生の娘が、ひきこもり状態です

娘は高校1年生ですが、入学してまもなく不登校になりました。原因は人間関係で、その後はスマホ依存で昼夜逆転の生活になり、食事もあまりとらず、外にも出ず、ひきこもり状態です。娘に聞くと学校は転校してでも行きたいらしいのですが、このまま様子を見ていいのか、親としての接し方がわからず、悩んでいます。

（16歳・女子の母）

寂聴 ひきこもりで悩んでいる人が、とても多いですね。

娘さんはきっと学校で、いじめられているのでしょう。いじめられている子は、そのことを親に言えないで、一人で抱え込んでしまうんですね。私の秘書のまなほも、中学生のころにいじめられて、クラスで無視されて誰も相手をしてくれない。その理由がわからなくて、とてもつらかったと言っていました。それを彼女は誰にも言えな

かったけれど、親が気づいてくれたそうです。だから肉親が気づいてあげないといけないですね。

その学校が合わないのなら、変わったほうがいい。娘さんは転校してでも学校に行きたいと言うのだから、親が学校を探してあげてください。娘さんは病気なのだから、自分で探すのは無理ですよ。このまま様子を見ていたら、ますますひどくなってしまうかもしれない。まだ若いのだから、環境を変えればきっと元気になりますよ。

A　いじめられている子は親にも言えずに悩んでいます。まだ若いのだから、学校を変わって環境を変えることです。

Q 娘のないものねだりが止まりません

高校生の娘は、今でも十分に満たされているはずなのに、自分にないものを友だちが持っていると何でも欲しがります。それはないものねだりだと、どうしたらわかってくれるでしょうか。

（16歳・女子の母）

寂聴 ないものねだりは娘さんだけじゃなくて、誰でもそうです。みんなもう十分満たされているのに、それに気がつかないで、もっともっと欲しい、と思う。人間は欲張りなんです。誰もが、自分の人生はこんなものじゃない、もっと何かがあるはずだと思っているのね。

でも、それは生きる原動力になるのだから、かまわないんです。今の自分では満足しないというのは生きる力だから、恥ずかしいことではありません。若いうちはいくらでも、もっともっとと望めばいいと思います。

A

今の自分に満足しないことは、生きる原動力になる。欲張りは悪いことではありません。

Q 息子の生活態度が悪くて、腹が立ちます

16歳の息子は生活態度が悪くて、お金の使い方もひどいんです。どうしたらいいでしょうか。

（16歳・男子の母）

寂聴　生活態度が悪いのは、お母さんの教育が悪かったんです。でも16歳なんて子どもでしょう。これから、いくらでも変わります。暴力は振るわないんでしょう？

相談者　はい、優しい子なんですが、だらしがなくて、腹が立ちます。

寂聴　優しい人はだいたい、だらしないんです。それは親の血を引いているの。あなたか、あなたの夫の性質を継いでいるのだから、振り返ってみればどちらかが、だらしないんです。

でも、優しいならば大丈夫ですよ。優しいということは、人の苦しみや悲しみに無関心になれないということでしょう。自分だけがよくて、自分だけが食べられて、自

分だけが暖かければいい、ほかの人は知らないというのは、人間じゃないの。人間が動物と違うところは、優しいということです。優しさは愛です。愛があるなら許してあげましょう。

A　人の苦しみがわかる優しさを持っているなら、多少だらしなくても許してあげましょう。

Q 夫と離婚するつもりですが、娘が反対しています

私は夫と離婚する予定ですが、息子と姉娘を、私が引きとったほうがいいのか、迷っています。娘が離婚に反対しているので、もう少し我慢して一緒に暮らしたほうがいいのでしょうか。

（15歳・男子の母）

寂聴　私も若いときに離婚していますけど、離婚したら自分で働いていくの？

相談者　はい、薬剤師をしているので、一人で子どもたちを食べさせていくこともできます。

寂聴　一人でやっていけるなら、そしてこれから自分で何かをやりたい情熱があるなら、離婚するのもいいと思います。

私が離婚したころは、子どもを連れて家を出たら食べていけませんでした。だから娘を置いてきたけれど、今、離婚しようとする人を私が止めないのは、みんな子ども

と一緒だから。今はお母さんがちゃんと働けるから、子どもを連れて家を出られる。本当に世の中がよくなりましたね。

あなたはまだ若いし、離婚して新しい生活ができると思いますよ。お母さんが生き生きと働いていれば、娘さんもきっとわかってくれます。

A

新しいことを始める情熱があるなら、離婚するのもいい。子どもも理解してくれるはずです。

Q 父親を知らずに育った息子が不登校ぎみです

高校1年の息子を持つシングルマザーです。私は息子が1歳のときに離婚しており、それ以来、父親とは一度も会わせていません。父親を知らずに成長した息子は今、自分で選んだ工業高校に通っていますが、敏感で悩みがちで、不登校ぎみです。母親としてどう接していけばいいのでしょうか。

（16歳・男子の母）

寂聴　離婚してお父さんがいないことと、不登校は関係ないと思いますよ。お母さんは全部、自分が別れたことに原因があると思っているでしょう。それがいけないんです。お父さんがいないということをあまり意識しないで、叱るときは叱ったほうがいい。

息子さんはもう高校生なのだから、シングルマザーになった理由をちゃんと話してあげたらいいと思います。これまではお母さんの考えで父親とは会わせなかった。でも、ちゃんと自分で選んだ学校に行っている賢い息子さんなのだから、お母さんとお父さんはなぜ別れたのか、子ども扱いせずに本当のことを言ったほうがいい。

一度も会わせていないということは、おそらく離婚の理由は夫のほうにあって、ほかに女をつくったか、借金をつくったかでしょう。息子さんにはお父さんのことを悪い人のように教えているかもしれませんが、別れた人のことは悪く言わないこと。お父さんだけが悪いんじゃなくて、「お母さんも若かったからね」と話しましょう。

息子が父親に会いに行ける年齢になったら、止めたって会いに行くものです。実際に会ってみて失望するなり、このお父さんでよかったと思うなり、それは息子さん自身が選ぶことです。

A

息子さんを子ども扱いせず、シングルマザーになった理由をちゃんと話しましょう。父親をどう思うかは、息子さん自身が選ぶことです。

Q 離婚して置いてきた娘に、母として何ができるでしょうか？

私は10年前、子どもを夫の母に託して離婚しました。祖母と暮らす17歳の次女は外泊や家出をくり返し、警察に補導されたり、一度は児童相談所にお世話になったそうです。離婚後は周りから「お母さんはおまえを捨てた」と聞かされている娘に、どう手を差し伸べてやればいいのでしょうか。いまさら、母として、何をどうしてやればいいのかと悩んでおります。（17歳・女子の母）

寂聴 外泊や家出をくり返すというのは、娘さんは苦しんでいるのでしょう。

私も若いころ4歳の娘を置いて夫の家を出ましたが、幼い子どもを置いて家を出るというのは、母親としてやってはいけないことですね。だから悩むのは当然です。

うちの娘は、お母さんは死んだと言われていたそうです。別れてから初めて会いに行ったとき、娘が外で遊んでいたから、「パパは？」と聞いたら「東京」、「ママは？」と聞いたら、「死んじゃった」と答えた。まだ幼くて私のことを覚えてなかったから、そうやって育ててくれたんですね。きっと娘さんは、お母さんは自分を捨てて出ていったのだから、自分に対して愛情がないと思っているのでしょう。もし娘さんに会うことができるなら、まず会って、きちんと謝ることですね。どういう事情があったにしろ、「あなたを置いて出ていったことは本当に悪かった。そのためにいろいろ苦労させたわね。ごめんなさいね」と言って、まず謝る。そして「あなたのことは忘れてないよ」ということを示してあげることですね。

A　まず娘さんに会って、きちんと謝りましょう。そして「あなたのことは忘れていない」と示してあげることです。

おわりに

今日はみなさんにお会いできて、本当におもしろかった。こんなに楽しいとは思いませんでした。みんな本当に一生懸命生きて、悩んでいる。お母さんたちもしっかりしている。お話しできて、とても楽しかった。

私はもう97歳ですけど、未来は若い人のものだと思っています。お母さんたちはあなたたちを、産んでくれて、育ててくれたけど、もうお母さんたちの時代じゃない。未来は10代のあなたたちが築いていくものです。

その未来の光、喜びを、あなたたちはみんな持っています。それだけでもすばらしいことで、私はみんなに会えてよかったと思います。みんな、それぞれ輝いていますよ。だから大丈夫。私は今日、たくさんのものをいただきました。

何度も言いますけど、「若き日にバラを摘め」ですよ。バラを摘んで、とげでケガすることをおそれてはなりません。あなたたちの若さが、傷をたちまち治してくれます。だから「若き日にバラを摘め」。この言葉を覚えていてください。

そして「青春は恋と革命」です。今日は恋の話はあまり出なかったけど、若いうちに恋をしなさい。10冊の本を読むより、一度の恋を真剣にしたほうが、世の中のことが早くわかると思います。あなたたちの相手は必ずどこかにいるのだから、怖がらないで恋をしなさい。

それから革命というのは、あなたたちの周りのよくないことを、少しでも変えるように戦うこと。どうかみなさん、若いうちは傷つくことをおそれず、戦ってください。未来はあなたたちのものなのですから。

瀬戸内寂聴

文庫特別あとがき

二〇一九年一月二十七日に京都嵯峨野《さがの》、瀬戸内寂聴先生の寺院、寂庵《じゃくあん》で行われた「十代のための特別法話」は全国より自ら応募してくださった十代の方々が参加してくれた。

当時寂聴先生九十七歳、十五歳〜十九歳の方々との質疑応答をまとめたのが本書である。私もその場に先生の秘書として参加させてもらった。ご両親も同席され、いつもの寂庵の法話より参加者の平均年齢がぐっと若くなり雰囲気もまた格別に違った。

「私、若い人が好きなのよね」と先生はよく言った。先生と私が出会ったのは、私が大学卒業を間近に控えていたものの、就職が決まっておらず途方に暮れていた時だった。京都、祇園《ぎおん》のお茶屋でアルバイトをしていた友人からの紹介により、寂庵で働けることになったのだ。

そのとき、先生八十八歳、私二十三歳。この祖母と孫くらい年が離れた二人の関係はどうなっていくのか……。それが先生は、私の若さゆえの無鉄砲さや無礼さを怒ることもなく、案外楽しんでくれていたように思う。

入ってすぐのころ、「今の若い子は貞操《ていそう》観念がない」と言われて、「『貞操』って何ですか？」と聞くと先生は驚いた顔をして、「『貞操』も知らないの？　誰とでも寝ないことよ」と私に教えた。「純潔を守る」という意味の『貞操』なんて言葉、今や死語とも言える。観念も何も、そもそもその言葉さえ知らない私に先生は呆《あき》れた顔をしていた。それから私は『貞操』も知らない子として、色々な人にこの話を暴露されるはめになってしまった。まるで貞操を守っていないかのような女の子として……。

先生を驚かせるつもりのない私であったが、先生にとっては何もかもが新鮮で驚きの連続だったようだ。無礼なこともしたし、先生に歯向かったりもした。「これって間違ってますよね⁉」なんて反論したりもした。すべて若さゆえ、だとしても先生はそんな私を受け止め続けてくれた。

特別法話では十代の方々がそれぞれの悩みを先生に質問している。「いつも思うばかりで、自分から行動を起こせません」「人に悪く思われないか、いつも気にしてばかりいます」「大人が望む『普通の人生』を生きるのは嫌です」などといった質問が飛び交う。それに先生は一つ一つ丁寧に答えている。先生の答えは的確で、決まりきったありふれた言葉じゃなく、わかりやすいのですっと入ってくる。

「人に悪く思われないか、いつも気にしてばかりいます」という質問には、批判され、文学界を干《ほ》された自らの経験を踏まえて話している。悪口を言った評論家たちに向かって「みんな死んでしまえ」と思っていたら、みんな先に死んでしまった、と笑いながら話すシーンは、先生らしくて好きである。

私自身も、先生の秘書としてメディアに出るようになったときは批判され悪口を言われた。

「遺産目当て」「顔がきつい」「生意気」だとか好き勝手言われて、怖くなって逃げたくなった。そのときも先生は、「悪口言う人があなたを養ってくれるの？　税金を払ってくれるの？　そうじゃないでしょう？　放っておきなさい。あなたに妬《や》いているのよ」と言ってくれた。そして「その人絶対不細工よ！」とも（先生、最高！）。

先生は普通のおばあさんが言うようなことを言わなくて、この特別法話でも「自分の容貌が好きではないなら整形したっていい」と言ったりする。そこは「ご両親からいただいた顔にメスをいれるなんて」なんて言わない。だからどの質疑応答の答えにも、「なんか違う」と思うことがなくて、「そんなふうに言ってくれるんだ！」と味方になってもらえた気がして、嬉しくなったりもする。

十代の方々の悩みは、決してその瞬間だけのことではなくて今の私にも通じることが多かった。友人と比べて劣等感を持ったり、自分の行動に自信が持てなかったり。年齢を問わず、社会に出ても、人間関係の悩みや人と比べて落ち込むことは私自身にも多かった。ただ、今の私と違うのは、十代の時は、そんな自分が受け入れられなくて、嫌いで、いつも逃げ出したかった。「なんでこんなことが出来ないのだろう。あの子のようになりたい」「学校なんて行きたくない、私の居場所なんてない」そんなことをいつも思っていた。

中学生のとき、クラスの全員に無視されて孤独な日々を過ごした経験がある。抱え込んだ行き場のない自分の想いを吐き出せる場所もなく、私はただただノートに自分の想いを書きなぐった。その当時の私には世界がそこしかなく、逃げたくとも一人遠くへ行くすべもなかった。休みの日は遊ぶ友人もいなかったので、図書館へ通いつめ、自分と同じような経験をしている人の本を読んだり、現代詩の本など、自分の想いを代弁してくれるかのような本ばかり探して、慰められ、勇気づけられていた。

その当時の自分と、今回の参加してくださった方々を重ねながら私はその場にいた。

今は、それなりの経験を重ね、自分自身のことは「好き」とは言えないし、自信も未だにないけれど、十代の時の自分とは違う。それは徐々に、自分のことを受け入れられてきたからだと思う。あまり自分に期待をしないようになったり、「まぁ、しょうがないっか。私ってこんなんだし」などと、自分のことを少しずつ理解できるようになったから。十代の時の自分を思い出すと今も心がひりひりする。「少し時間がてば、大丈夫になるよ！」と抱きしめてあげたいくらい、その当時は死にたいくらい真剣に悩んでいたのだ。

参加してくださった方々はご両親のすすめもあるかもしれないけれど、自ら参加を希望してくれた人もいると思う。こんな大人数の前で自分の悩みを打ち明ける勇気、その行為が何か一歩踏み出そう、変わりたいという決心の表れのように感じる。

先生は九十九年間、たくさんの経験をしてきた。普通の人が送れないような波乱万丈の人生を。自分の道を突き進むことで、人を傷つけたり、時には傷ついたり、孤独を感じたり、そんなことも多かったけれど、先生は作家として一番好きな「書く」ことを死ぬまで続けた。

本書の中でも「何かをしたいと思いながらしない残念さと、したけれども失敗した残念さとを比べたら、したいことをしなかったほうが、ずっと悔しい。だから、したいことは全部やりなさい」と先生は言っている。「好きなことをしなさい」、先生は誰にもそう言い続けている。先生がそうし続けてきたから。だから、先生は後悔なく、この世を去った。

「若き日にバラを摘《つ》め」というイギリスの詩人ロバート・ヘリックの言葉がある。それを先生は好きでよく若い人たちに向かって言っていた。バラにはとげがあり、綺麗だけれど、手でつかもうとしたら傷つく。けれど、それを怖がって摘まなければ自分のものにはならない。若いうちはバラのとげでけがをしてもすぐに治る。だからこそ、傷つくのを恐れずに何事にも挑戦しなさい、という意味だ。

私には、何かをする前に、失敗することや傷つくことのリスクをまず考え、行動を起こさないように自分自身を納得させる言い訳を考える癖がある。そうしたほうが、自分を守れる気がするからだ。けれど、これは決して自分自身を守っているわけではなく、自分の人生をこのままでいいとあきらめているようなものだとも言える。

先生はいつも私に、「大丈夫だからやってみなさい」と言って背中を押してくれた。怖くなって、先生に泣きついても、「あなたなら大丈夫」という先生の一言で私は「えい！」と一歩を踏み出せた。そうすると、意外と出来て、またそこで経験が増え、自分の自信につながっていった。やってみてよかった！　と思うことが多い。だって、出来たから！

自分自身の可能性を自分で決めてしまうのはもったいない。だからこそ、なんでもやってみる。ダメでもダメってことがわかったからいいじゃないか。

私の人生の一番良かったことは、先生に出会えたことだ。自分の人生を大きく変えてくれるような存在に出会えたことはとてもラッキーなことだと思うし、幸せなことだ。

たとえ、今回の参加者の方々のように、短い時間だとしても、先生と出会い、この特別法話に参加したことで、少し、希望を感じられたなら、自分だけでなくて悩んでいる人がこんなにもいるってことを知ってくれたなら、私もとても嬉しい。

きっとこれからたくさんの出会いがある。そこで自分の人生を変えてくれるような人に出会えるかもしれない。バイト先の先輩かもしれない。就職先の上司かもしれない。自分が「この人の考え方素敵だな」と思える人に出会えると、そこでまた人生が開ける。だからまだ見ぬ未来を信じて、あきらめないでほしい。

　この本を読んで、改めて先生のことが好きだと感じる。大人なんだけれど、他の大人とは違った先生の感覚が私は大好きだったのだ。

　この本を手に取ったということは、何かしら先生に興味があるということだと思う。この本をきっかけに、瀬戸内寂聴ってどんな人？　不倫して出家した人？　あの肉が好きでお酒ばかり呑んでる毒舌な尼さん？　そんなありふれた考え方ではなくて、もう一歩、踏み込んで先生の本を読んでもらいたい。

　私はこんな魅力的な人に、きっともう二度と出会えないだろう。だからこそ、もっと若い人たちに先生のことを知ってもらいたい。伝えたい。

　人生ってひょんなことから急に輝き始めたりする。その瞬間がきっと訪れるはず。だから突き進んで行こう！　負けないで。

二〇二二年二月

瀬尾まなほ

●本書は二〇一九年九月に、小社より刊行されました。文庫化にあたり、一部を加筆・修正しました。

|著者| 瀬戸内寂聴　1922年、徳島県生まれ。東京女子大学卒。'57年「女子大生・曲愛玲」で新潮社同人雑誌賞、'61年『田村俊子』で田村俊子賞、'63年『夏の終り』で女流文学賞を受賞。'73年に平泉・中尊寺で得度、法名・寂聴となる（旧名・晴美）。'92年『花に問え』で谷崎潤一郎賞、'96年『白道』で芸術選奨文部大臣賞、2001年『場所』で野間文芸賞、'11年『風景』で泉鏡花文学賞を受賞。1998年『源氏物語』現代語訳を完訳。2006年、文化勲章受章。また、95歳で書き上げた長篇小説『いのち』が大きな話題になった。近著に『花のいのち』『愛することば あなたへ』『命あれば』『97歳の悩み相談 17歳の特別教室』『寂聴 九十七歳の遺言』『はい、さようなら。』『悔いなく生きよう』『笑って生ききる』『愛に始まり、愛に終わる 瀬戸内寂聴108の言葉』『その日まで』など。2021年逝去。

97歳《さい》の悩《なや》み相談《そうだん》

瀬戸内寂聴《せとうちじゃくちょう》

講談社文庫

定価はカバーに
表示してあります

2022年３月15日第１刷発行

KODANSHA

発行者──鈴木章一
発行所──株式会社　講談社
東京都文京区音羽2-12-21　〒112-8001
電話　出版（03）5395-3510
　　　販売（03）5395-5817
　　　業務（03）5395-3615

Printed in Japan

デザイン─菊地信義
本文データ制作─講談社デジタル製作
印刷───凸版印刷株式会社
製本───株式会社国宝社

ISBN978-4-06-527374-6

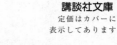

講談社文庫刊行の辞

二十一世紀の到来を目睫に望みながら、われわれはいま、人類史上かつて例を見ない巨大な転換期をむかえようとしている。

世界も、日本も、激動の予兆に対する期待とおののきを内に蔵して、未知の時代に歩み入ろうとしている。このときにあたり、創業の人野間清治の「ナショナル・エデュケイター」への志を現代に甦らせようと意図して、われわれはここに古今の文芸作品はいうまでもなく、ひろく人文・社会・自然の諸科学から東西の名著を網羅する、新しい綜合文庫の発刊を決意した。

激動の転換期はまた断絶の時代である。われわれは戦後二十五年間の出版文化のありかたへの深い反省をこめて、この断絶の時代にあえて人間的な持続を求めようとする。いたずらに浮薄な商業主義のあだ花を追い求めることなく、長期にわたって良書に生命をあたえようとつとめるところにしか、今後の出版文化の真の繁栄はあり得ないと信じるからである。

同時にわれわれはこの綜合文庫の刊行を通じて、人文・社会・自然の諸科学が、結局人間の学にほかならないことを立証しようと願っている。かつて知識とは、「汝自身を知る」ことにつきていた。現代社会の瑣末な情報の氾濫のなかから、力強い知識の源泉を掘り起し、技術文明のただなかに、生きた人間の姿を復活させること。それこそわれわれの切なる希求である。

われわれは権威に盲従せず、俗流に媚びることなく、渾然一体となって日本の「草の根」をかたちづくる若く新しい世代の人々に、心をこめてこの新しい綜合文庫をおくり届けたい。それは知識の泉であるとともに感受性のふるさとであり、もっとも有機的に組織され、社会に開かれた万人のための大学をめざしている。大方の支援と協力を衷心より切望してやまない。

一九七一年七月

野間省一

講談社文庫 最新刊

風野真知雄
岡本さとる ほか
五分後にホロリと江戸人情
下町の長屋に集う住人からにじみ出る人情絵巻を、七人の時代小説家が描く掌編競作。

西村京太郎
午後の脅迫者〈新装版〉
人間の心に魔が差す瞬間を巧みに捉え、ミステリーに仕上げた切れ味するどい作品集。

ビートたけし
浅草キッド
フランス座に入門、深見千三郎に弟子入り、そして漫才デビューへ。甘く苦い青春小説。

佐藤　優
人生のサバイバル力
なぜ勉強するのか、歴史から何を学ぶか、これからをどう生きるか。碩学《せきがく》が真摯に答える!

堀川アサコ
幻想遊園地
恋多き元幽霊、真理子さんに舞い込んだ謎。あの世とこの世を繋ぐ大人気シリーズ最新作。

講談社タイガ

入月英一
信長と征《ゆ》く 1・2
〈転生商人の天下取り〉
21世紀から信長の時代へ転生した商人が、銭の力と現代の知識で戦国日本制覇を狙う!

遠藤　遼
平安姫君の随筆がかり 二
〈清少納言と恋多き女房〉
謎解きで宮中の闇もしきたりも蹴っ飛ばせ。そんな過激な女房・清少納言に流刑の危機が!?

如月新一
あくまでも探偵は
〈もう助手はいない〉
悪魔か探偵か。二面性をもつ天才高校生に爆弾犯容疑がかけられた!　ネタバレ厳禁ミステリー!

友麻　碧
水《み》無《な》月《づき》家《け》の許嫁《いいなずけ》
〈十六歳の誕生日、本家の当主が迎えに来ました。〉
「僕とあなたは〝許嫁《いいなずけ》〟の関係にあるのです」。天女の血に翻弄《ほんろう》される二人の和風婚姻譚。

講談社文芸文庫

柄谷行人
柄谷行人対話篇Ⅱ 1984－88
精神医学、免疫学、経済学、文学、思想史学……生きていくうえでの多岐にわたる関心に導かれるようになされた対話。知的な刺戟に満ちた思考と言葉が行き交う。
かB19
978-4-06-527376-0

柄谷行人
柄谷行人対話篇Ⅰ 1970－83
デビュー以来、様々な領域で対話を繰り返し、思考を深化させた柄谷行人の対談集。第一弾は、吉本隆明、中村雄二郎、安岡章太郎、寺山修司、丸山圭三郎、森敦、中沢新一。
かB18
978-4-06-522856-2

講談社文庫　目録

瀬戸内寂聴　死に支度
瀬戸内寂聴　新装版　蜜と毒
瀬戸内寂聴　新装版　花《か》怨《えん》
瀬戸内寂聴　新装版　祇《ぎ》園女御《おんにょうご》(上)(下)
瀬戸内寂聴　新装版　かの子撩乱
瀬戸内寂聴　新装版　京まんだら(上)(下)
瀬戸内寂聴　いのち
瀬戸内寂聴　花のいのち
瀬戸内寂聴　ブルーダイヤモンド〈新装版〉
瀬戸内寂聴・訳　源氏物語　巻一《まきいち》
瀬戸内寂聴・訳　源氏物語　巻二《まきに》
瀬戸内寂聴・訳　源氏物語　巻三《まきさん》
瀬戸内寂聴・訳　源氏物語　巻四《まきし》
瀬戸内寂聴・訳　源氏物語　巻五《まきご》
瀬戸内寂聴・訳　源氏物語　巻六《まきろく》
瀬戸内寂聴・訳　源氏物語　巻七《まきしち》
瀬戸内寂聴・訳　源氏物語　巻八《まきはち》
瀬戸内寂聴・訳　源氏物語　巻九《まきく》
瀬戸内寂聴・訳　源氏物語　巻十《まきじゅう》

先崎　学　先崎学の実況！盤外戦
妹尾河童　少年H(上)(下)
瀬尾まいこ　幸福な食卓
関原健夫　がん六回　人生全快
瀬川晶司　泣き虫しょったんの奇跡　完全版〈サラリーマンから将棋のプロへ〉
仙川　環《たまき》　幸福の劇薬〈医者探偵・宇賀神晃〉
仙川　環　偽装診療〈医者探偵・宇賀神晃〉
瀬木比呂志　黒い巨塔〈最高裁判所〉
瀬那和章　今日も君は、約束の旅に出る
曽野綾子　新装版　無名碑(上)(下)
三浦朱門　曽野綾子　夫婦のルール
蘇部健一　六枚のとんかつ
蘇部健一　六とん2
蘇部健一　届かぬ想い
曽根圭介　沈底魚
曽根圭介　藁《わら》にもすがる獣たち
曽根圭介　TATSUMAKI〈特命捜査対策室7係〉
田辺聖子　川柳でんでん太鼓
田辺聖子　ひねくれ一茶

田辺聖子　愛の幻滅(上)(下)
田辺聖子　うたかた
田辺聖子　春情蛸の足
田辺聖子　蝶花嬉遊図
田辺聖子　言い寄る
田辺聖子　私的生活
田辺聖子　苺をつぶしながら
田辺聖子　不機嫌な恋人
田辺聖子　女の日時計
谷川俊太郎訳　和田　誠絵　マザー・グース　全四冊
立花　隆　中核VS革マル(上)(下)
立花　隆　日本共産党の研究　全三冊
立花　隆　青春漂流
滝口康彦　粟田口の狂女〈レジェンド歴史時代小説〉
高杉　良　労働貴族
高杉　良　広報室沈黙す(上)(下)
高杉　良　炎の経営者(上)(下)
高杉　良　小説　日本興業銀行　全五冊
高杉　良　社長の器

2021年12月15日現在